AF453450

ERNEST JOVY

ÉTUDES ET RECHERCHES

III

Un Juge d'Urbain Grandier

LOUIS TRINCANT

Biographe inédit

DE

SALMON MACRIN

LOUDUN

IMPRIMERIE A. ROIFFÉ

14, Place de la Bœuffeterie, 14

1892

Extrait de la COLLECTION JOVY

(*Documents relatifs à l'histoire du Loudunais*)

Publiée depuis 1886 par le JOURNAL de LOUDUN

TRINCANT

Biographe **inédit** de Salmon Macrin

Nous avons rencontré à la Bibl. Nat. (Ms. fr. **20.157**, provenant de Saint-Magloire) une notice sur Salmon Macrin adressée, avec d'autres notes sur Loudun, par le fameux Trincant (1), l'un des juges d'Urbain Grandier, à ses amis d'enfance, les Sainte-Marthe (2) qui avaient besoin de renseignements et de mémoires étendus pour leur entreprise de la *Gallia christiana*.

Trincant était un archéologue passionné, un héraldiste exact, un feudiste con-

(1) Cf. Bibl. nat., mss. coll. Duchesne, 67; Le gué, *Urbain Grandier*, éd. in-12, p. 25 et les *Deux lettres inédites de Louis Trincant* que nous avons déjà publiées dans la *Collection Jovy*, n° 84, au *Journal de Loudun* du 12 août 1888. L'écriture de la notice sur Macrin est identique à celle de ces lettres auprès desquelles elle se trouve. Voy. aussi *Gallia Christiana*, t. I, p. 461, col. 2, édition de 1656.

(2) Scévole (Gaucher III) et Louis de Sainte-Marthe, fils jumeaux du grand Scévole de Sainte-Marthe. On sait que Louis Trincant avait été l'ami intime de ce dernier qui « le traitait comme un enfant de sa maison. Ses fils le considéraient comme un frère. » Né la même année qu'eux, enfants de pères qui ont vécu toute leur vie en grande amitié, nous avons, dit Trincant dans ses Mémoires, dès le commencement de notre puberté, demeuré ensemble, faict nos études sous les mêmes maîtres, suivi le parlement de Tours et Paris, et enfin séparés avons toujours entretenu notre sincère amitié par lettres familières et fréquentes, tellement qu'il y a plus de cinquante-deux ans que nous vivons de la sorte. » Legué, *Urbain Grandier*, in-12, 3ᵉ édition, p. 25. — Signalons ici un petit fait qui démontre péremptoirement la vérité d'un mot connu. *Habent sua fata libelli*, disait l'ancien. Les gros livres aussi. J'ai acquis en Champagne trois gros in-folios : *Opera omnia Renati Choppini, Andegavi j. c. et in curia Parisiensi advocati*, qui portent cet *ex-libris* manuscrit : *Ex bibliotheca fratrum Sam-marthanorum.*

sommé, un généalogiste habile (1). Il est devenu l'une des victimes obligées que s'adjugent les historiens d'Urbain Grandier, Il ne semble pas mériter toute cette réprobation et paraît avoir été un magistrat ni meilleur, ni pire que les autres magistrats de son temps. Biographie à reviser, d'un condamné de l'histoire que nous jugeons avec la conscience de notre époque, alors que lui a vécu et agi avec la conscience de la sienne et les idées morales et religieuses de ses contemporains. Qui écrira cette biographie revue et corrigée ?

Assurément on a quelque peine à se représenter la sombre et terrible figure que la tradition prête à Trincant, — ami trompé et père outragé encore plus que juge impitoyable, — en lisant ces lignes paisibles, sans aucun doute inspirées par des souvenirs qu'il avait pu recueillir directement chez des Loudunais contemporains de Salmon Macrin, sur ce grand humaniste poète à qui Michel de l'Hospital, dans ses poésies latines (lib. III, ep. 16) écrivait : « Tu fais les vers à décourager les plus fervents. »

(1) Trincant s'occupait beaucoup de recherches généalogiques. Il était le correspondant des Sainte-Marthe et de Duchesne. Il avait publié une *Histoire généalogique de la maison de Savonnières en Anjou,* Poictiers, chez Julien Thoreau, 1638, in 4°. Il composa une généalogie de la famille du Bellay en manuscrit à la Nationale et dont il existe une copie à la Bibl. d'Angers.

La Vie de Salmon Macrin

EXCELLENT POÈTE LODUNOIS (1)

De tout temps, à Loudun, ceux de la basse ville du costé de la porte de Mirebeau, ont pris plaisir à se donner des noms les uns aux autres qui ne leur tombent iamais et sont plus cogneus par ce nom là que par celuy qu'ils portent de père en fils. Nous en ayons l'exemple en notre Salmon Macrin qui avait nom Jean Salmon, dit *Mitron*, lequel surnom de *Mitron* fut donné à son grand-père pour ce qu'il estoit boulanger demeurant en ce quartier là, à cause volontiers qu'il se trouve dans la farine certains petits animaulx qu'on appelle au pays *mitrons*, surnom que cestuy-ci tourna en latin et s'appella *Maternus*, comme il se voit en ses premières œuvres intitulées *Ioannis Salmonii Materni Lodunatis Elegiarum triumphalium liber*. Depuis il échangea ce mot de *Maternus* en *Macrinus*, appella, ce qu'il estima pouvoir faire par une licence poétique, Loudun *Juliodunum*, et, quittant le nom de Jean, s'appela seulement *Salmonius Macrinus Iuliodunensis*, nom de sa ville qu'il inuenta aussi, car ne s'appela iamais *Iuliodunum* avant lui (2).

(1) Cf. sur Salmon Macrin, entre autres références, Scévole de Sainte-Marthe, *Virorum doctrina illustrium qui hoc seculo in Gallia floruerunt, elogia*, 1598, (B. Nat., Lⁿ 9-28); *Éloges des hommes illustres* par Scévole de Sainte-Marthe, traduits par G. Colletet, 1644; la notice de Joseph Boulmier, dans les *Mémoires de la Société des Antiquaires de l'Ouest*; les pièces de vers latins adressées par Michel de l'Hospital à Salmon Macrin, dans la trad. des *Poésies complètes du chancelier de l'Hospital* par L. Bandy de Naléche, Paris, Hachette, 1857, p. 123, 124, 190, 192, 237; Catal. de la Bibl. Nat., Belles-Lettres, t. I; Delmasse, *Bibliothèque des poètes latins modernes*, à la Bibl. Nat., Mss. fr., 12853.

(2) Sur l'ancien nom de Loudun, cf. la *Notitia Galliarum*, cet admirable dictionnaire d'onomatologie géographique, d'Adrien de Valois (Paris, chez Léonard, 1675), p. 265-266.

Son père estoit aussi boulanger, nommé Salmon, dit *Mitron*, mais il quitta de bonne heure le mestier, se fit marchand de bleds et se maria avec une femme d'assez honorable condition-dont il eut plusieurs enfants, entre autres notre Salmon Macrin qui fut nourri ieune enfant en la maison d'Amaulry Tyrel, son ayeul maternel qui luy fit apprendre ses rudiments ; cela se voit en un hymne qu'il adresse à sa mémoire que j'ay estimé digne d'ètre rapporté :

Ad Almaricum Tyrellum, auum maternum,

Almarice, tuus nepos Macrinus
Ingratus foret, admodumque agrestis,
Et primae immemor educationis,
Si de Castaliae liquore lymphae
Quo Musae faciles eum rigarunt,
Te prorsum duce praeuioque ad amnem,
In praeconia nil piasque laudes
Deriuaret aui, etc.

Il eut pour précepteur Pierre Michel, maistre des grandes escoles de Loudun qui, l'ayant instruit jusques aux premiers éléments de la grammaire, donna conseil au père de l'enuoyer dans l'uniuersité de Paris continuer ses estudes, luy remonstrant qu'il estoit né pour les lettres et que ce seroit dommage de le mettre à un autre exercice. Le père le crut et l'enuoia au temps où ce grand et célèbre personnage Jacques Lefebure d'Estaples, docteur en théologie, enseignoit les lettres ; par les leçons duquel s'estant rendu capable d'instruire les autres, il fut choisi pour estre précepteur des enfans de René de Savoye, comte de Tende et de Beaufort, grand maistre de France, frère de Madame Louise de Savoye, ce qui luy permit d'entrer dans la cour où il se fit cognoistre par sa poésie latine en laquelle il excelloit. Il fit imprimer bientôt après ses premières œuvres qu'il dédia à Jean de St-Amadour, chevalier de l'ordre du Roy et gentilhomme ordinaire de sa chambre, finissant ainsi son épistre

liminaire : « *Accipe igitur obviis, ut aiunt,
manibus ingenioli mei primitias* », pour mons-
trer qu'il estoit encore bien ieune, ce qui se voit
encore au commencement en une épigramme
que Joannes Guilbaldus adresse au lecteur :

Si tam culta tibi dederit iuuenilibus annis,
Cum maturauerit, dic, rogo, quantus eris

[*Ici des développements sur l'amour de
Salmon Macrin pour son pays natal que nous
supprimons*].

Depuis la mort de sa femme qui arriua, luy
estant à Paris le 14 du mois de juin, l'an 1550,
il ne fit plus que traîner languissant. Il semble
que le grand deuil qu'il en eut, luy déroba une
partie de son esprit, car les divers liures de
chants funèbres qu'il fit sur cette mort n'appro-
chent point de ses autres œuvres. En ce temps là
tous les savants personnages qui le cognoissoient
et l'aymoient, pour le consoler en cette affliction,
lui donnèrent et envoyèrent des vers sur ce sub-
ject, qu'il fit imprimer avec les siens (1). Jean
Daurat que Sceuole de Ste Marthe appelle *le
coryphée des poètes*, lui donna deux poèmes et
principalement une ode pindarique qui est ex-
cellente. Pierre Boulenger (2) qui s'appelloit en
ce temps *Petrus Pistorinus*, quoi qu'il ne s'adon-
nast pas beaucoup à faire des vers, néantmoins
luy en donna aussi qui témoignent que s'il eust
pris plaisir en ceste matière, il y eust excellé.
Claude Mangot, Loudunois, auquel le mesme
Scevole dans l'éloge de Jacques Mangot, son fils,
donna cestuy-ci : *Claudius Mango, vir egregius*,
ne demeura pas en arrière. Jacques Gopil, célèbre
médecin, luy en enuoya en grec et en latin,

(1) Ces pièces poétiques se trouvent dans *: Salm. Macrini Juliodunensis naeniarum libri tres de morte Ge-
lonidis Borsalae uxoris ; adjecta sunt diversorum
authorum poemata latina, graeca, gallica de Gelonide*.
Lutetiae , Vascosanus, 1550, in-8°. (Bibl. Nat. *Catal.
Belles-Lettres*, 2390.)
(2) Père de Jules-César Boulenger.

langues qu'il entendoit parfaitement (1). Jean Morel gentilhomme ambrunois, et Antoinette de Loine sa femme (la maison desquels sembloit estre le temple des Muses, dit le mesme de Sainte - Marthe), feirent aussi des vers en la mémoire de la femme de Macrin. Jean Morel adressa les siens à Michel de l'Hospital pour ce qu'il fut grandement touché de l'affliction de notre poète. Quant à sa femme, voicy l'épigramme qu'elle feit :

Ne pense pas que la femme soit morte
Du bon Macrin ; car il est ce mortel [?]
Qui [?] par sa muse, a rendu immortel
Et le nom d'elle et l'amour qu'il luy porte (2).

Joachim du Bellay, poète illustre de réputation comme de naissance, fit une très belle ode française sur cette mort qui n'est pas la moindre bonne pièce qu'il ait faite. Tous ceux-là tiennent rang dans les *Eloges des hommes illustres* de Scéuole de Sainte-Marthe. Voici les noms des autres excellens et doctes personnages qui voulurent se donner l'honneur d'avoir contribué à

(1) Ce Jacques Gopyl est ce poitevin qui fut l'ami du célèbre critique Elie Vinet; celui-ci en parle dans son édition d'Ausone en 1580 : « *Itaque Luteliam misi Jacobo Gupylo, Pictoni amico, Latinis Graecisque litteris doctissimo, qui edenda curavit anno Christi millesimo quingentesimo et quinquagesimo primo, eamque editionem illustrissimo eruditissimoque Cardinali Bellaio, Burdigalensi episcopo dedicavit.* » Vinet avait probablement connu Jacques Gopyl à Poitiers qu'un biographe de Vinet, à la fin de l'Ausone de Bordeaux de 1604, appelle « *celebre tum et civilis sapientiae et politiorum literarum emporium* », ce qui suggestive le *quantum mutatus!* Vinet avait pris là son doctorat ce qu'on appelait dans le latin du temps la *laurea magisterii*, en droit civil, au bout de quatre années d'études juridiques.

(2) Jean Morel, né à Embrun en 1511 et mort à Paris en 1581, fut l'ami d'Erasme qui mourut entre ses bras à Bâle Catherine de Médicis lui confia l'éducation d'Henri d'Angoulême, grand prieur de France et fils naturel de son mari Henri II. Il épousa Antoinette de Loynes dont il eut trois filles qui étudièrent les langues anciennes. Voy. Michel de l'Hospital, *Poésies,* trad. Bandy de Naléche, p. 141 et 161.

rendre éternelle la mémoire de la femme de notre
poète : Mathieu Mauchand [?], escuyer, s^r de
Lignière en Touraine, secrétaire du Roy, Daniel
Augentius, (1) depuis professeur du Roy en langue grecque, ... Antonius Armandus Mas-
siliensis, Joannes Dampetrus, excellent poète ly-
rique (2), . . . Nicolaus Denisot, qui se feit appeler
comte d'Alcinoüs, Ianus Sanellius Paulinus (3),
Franciscus Beraldus Parisiensis (4), ...
Enfin il tomba en délire, âgé de près de 80 ans
et mourut en sa maison (où est maintenant le
collège) (5), le lundi 20 octobre, l'an 1557, fut
inhumé au cymetière près la grande croix dans
l'ancienne sépulture de ses parents, sans beaucoup de cérémonie pour ce que ce fut en un
temps que la plus part des apparens de Loudun
chanceloient en la foy. . . C'est ce qui a fait dire

(1) Ce *Daniel Augentius* nous parait être Daniel
d'Auge, précepteur du fils du chancelier François Olivier
dont il fit l'éloge sous le titre d'*Epitre consolatoire sur
la mort de messire François Olivier,* imprimée à Paris
en 1560. C'est le même Daniel d'Auge qui avait fait un
discours sur l'arrêt du parlement de Dôle en Bourgogne,
« touchant un homme accusé et convaincu d'être loup-
garou, mangeant les bras et les jambes des petites filles
et en faisant manger à sa femme », dont parle Bayle, *Dictionnaire historique et critique,* Amsterdam, 1730, t. I,
p. 391.

(2) Jean Dampier ou Dampierre, né à Blois, après s'être
rendu célèbre parmi les avocats du grand conseil, se fit
cordelier et devint prieur du monastère de la Madeleine
à Orléans où il mourut vers 1550. Il s'acquit beaucoup de réputation par ses poésies latines écrites dans
le goût de Catulle et recueillies au tome I des *Deliciae
poetarum gallorum,* 1609 (cf. Duchateau, *Hist. du diocèse d'Orléans,* 1888, p. 273).

(3) Cf. une pièce ad *Joannem* (Janum) *Sanellium
Paulinum,* dans *Salmonii Macrini Juliodunensis, cu-
bicularii regii, Hymnorum selectorum libri tres,*
Parisiis, Robertus Stephanus, 1540, p. 82.

(4) *Franciscus Beraldus,* François Bérauld, était le
fils du célèbre Nicolas Bérauld, d'Orléans, l'ami d'Erasme
et précepteur de l'amiral de Coligny. François Bérauld
aurait été, dit-on, lui-même principal du collège de
Montargis (cf. Duchateau, *Hist. du diocèse d'Orléans,*
1888. p. 273).

(5) Souvenir glorieux pour le collège de Loudun d'avoir
été jadis la demeure d'un homme qui a exercé sur ses
contemporains une si grande autorité littéraire.

à quelques uns qu'il estoit mort mal pensant de la religion catholique, mais toutes ses œuvres, premières et dernières, témoignent du contraire, ayant toujours eu une si grande déuotion à la Vierge qu'il n'y a aucun de ses livres qui ne soit rempli de ses louanges.

[*Ici l'auteur du manuscrit remarque que les poésies de Macrin sont pour la plupart des poésies sacrées, qu'il a composé un hymne* nomini Iesus augustissimo, *qu'il a célébré le* « signe de croy », *mis en vers la salutation angélique* :

> Aue, alma, plena gratia,
> Tecum Dominus Olympicus,
> Inter beata feminas
> Tu, ventris et fructus tui,
> Christi genitrix innuba,
> Tactus uirilis inscia,
> Pro labe supplicantium
> Clemens adora filium,

et versifié aussi l'antienne Regina cœli.]

Il n'a pas oublié à parler de la grande déuotion qui estoit de son temps à l'Eglise Notre-Dame des Carmes de Loudun où l'on venoit de tous costés des prouinces circonuoisines, dans un hymne . . . . . Voila tous les témoignages qu'on sçauroit désirer pour montrer non seulement les créances ortodoxes catoliques de notre Salmon Macrin, mais son zèle et sa deuotion dont je me suis d'autant plus estonné que c'estoit au tems qu'il y en auoit le moins à Loudun, l'une des premières villes où l'hérésie a commencé (1). Il le

---

(1) Le ton de tous ces développements est d'accord avec ce qu'on sait des convictions fortement catholiques du « procureur du roy aux sièges royaux de Loudun » et de sa haine contre les réformés, ceux qui « avaient chancelé dans la foy. » Cf. Legué, *Urbain Grandier*, in-12, p. 25. — Si catholique qu'ait été Salmon Macrin, son fils mourut protestant et la famille Salmon parait avoir été l'une des plus notables du protestantisme loudunais ; si l'on consulte les registres de l'église réformée de Loudun (Arch. Nat., TT. 232), on y pourra relever des

dit lui-même à la fin de l'hymne du livre 6 *ad Dominum Iesum Christum* qui commence par *Rerum Christe* (1).

actes nombreux relatifs à cette famille. Voici l'indication de quelques-uns :

MARIAGES. — En 1571, Louise *Salmon* avec René *Bougreau*; François *Salmon* avec Berthelme *Rocard*; en 1572, Etienne *Salmon* avec Françoise *Berthin*; en 1578, Simon *Salmon* avec Jeanne *Martin*.

BAPTÊMES. — En 1566, Esther *Salmon*, fille de Marius *Salmon* et de Catherine *Archambault*; parrain, René *Noel*; — Pierre *Salmon*, fils de François, et de Jacquette *Ronday*; parrain, Pierre *des Cerisiers*; — Anastase *Doisseau*, fils de Claude, et de Camille *Salmon*; parrain, Adrien *Dreux*, — Théodore *Salmon*, fils de Théophile, et de Barbe *Dufour*; parrain, Claude *Doisseau*. Cf. Haag, *la France protestante*. Macrin adresse une pièce à Adrien Dreux, *ad Adrianum Drusum Iuliodunensem*, dans les *Hymnorum selectorum libri tres*, Paris, R. Estienne, 1540, p. 164.

(1) P. 209, dans les *Hymn. select. libri tres*, Parisiis, Robertus Stephanus, 1540.

NOTULES

Les mots de cette notice biographique : « Il eut
pour précepteur Pierre Michel, maistre des grandes escoles à Loudun » soulèvent cette question :
Quel était le régime de l'enseignement secondaire
à Loudun avant l'institution du Collège des
Chauvet ?

N'y aurait-il pas lieu d'étudier si à ces « grandes
escoles » n'a pas succédé, ou si à côté de ces
« grandes escoles » n'a pas vécu un collège qui
semble avoir eu une assez grande influence sur
la culture loudunaise et qui aurait précédé d'assez loin le Collège des Chauvet ?

Trincant, dans des Mémoires manuscrits
inédits sur Loudun, s'exprime ainsi : « Il y a
eu semblablement à Lodun un collège assez beau
duquel estoit chef un fort docte personnage de
son temps, nommé Pierre Boulenger, natif de
Troyes en Champagne, qui a mis de beaux
liures en lumière et par la diligence duquel in-
finis beaux esprits ont été cultivés, comme en-
tendant parfaitement bien la langue grecque et
encore mieux la latine en laquelle il a tourné
l'histoire de France de du Haillan. »

Pierre Boulenger était un esprit assez original;
l'un des premiers, il a mis en avant l'idée de
l'instruction distribuée à tous et gratuitement.
Il offrirait, avec son collège, une matière curieuse
de recherches. Les Archives de Loudun con-
servent son acte de décès.

*
* *

Sur le couvent des Carmes et son pèlerinage,
le même Trincant, dans les mêmes mémoires

inédits donne les renseignements qui suivent :

« L'Eglise et conuent des Carmes furent fondez en l'an 1334 par Jean de Baussay, seigneur de la Motte, puisné de sa maison, et depuis fut ce convent doté en l'an 1388 de l'argent que Perceual de Colongne, seigneur de Prugné en Poictou et Jeanne de la Grezille, sa femme, donna aux religieux, à la charge qu'ils prieroient Dieu pour eux et pour Pierre de Lesignen, iadis roy de Chypre et Hierusalem, de la famille duquel il est vraisemblable que Perceual estoit issu (par aduanture a cause de sa mère qui pouuoit estre issue de Lezay, puisnez de la maison de Lezignen, parce qu'il portoit en un cartier de ses armes celles de Lezignan brisées d'une grande fleur de lis de gueulles qui paroissent en une litre autour de ceste église). Elles estoient aussi escartelées de celles de la maison d'Appelvoisin (1) qui sont d'or à une herse de gueulles. On tient que le mesme seigneur de Colongne a esté inhumé dans un charnier qui est au milieu d'icélle église, dans lequel les barons de Monthausier de la maison de Sainte-Maure (2) auiourd'huy seigneurs de Prugné, disent avoir leur sépulture. Du temps de René, roy de Hiérusalem et de Sicile, duc d'Anjou et seigneur de Loudun, ceste église fut fort célèbre et visitée de pèlerins qui y venoient de loing, comme elle a continué de l'estre iusques à huy pour les miracles qui s'y firent ; à cause de quoy le conuent fut augmenté d'une belle chapelle en l'honneur de Notre Dame de Recouvrance et de beaux bastiments qui aux premiers troubles furent ruinez et bruslez, mais depuis quelques années que la réforme des religieux a esté mise, on sait comment il est entièrement remis, de sorte qu'on l'estime un des plus beaux et grands conuents de leur ordre en France. Messire Loys de Rochechouart, seigneur de Chandenier et de

(1) La maison d'Appelvoisin alliée par le mariage d'Anne d'Appelvoisin à Léon de Sainte-Maure, 1480.

(2) Charles de Sainte-Maure, duc de Montausier, qui fut le gouverneur du Grand-Dauphin, était de cette famille.

la Motte de Beauçay, qui est sorty des fondateurs,
y a beaucoup aydé, et tous les gentilshommes
du pays. Monsieur le Cardinal de Richelieu a
aussy fait faire un très bel autel en la mesme
chappelle de Nostre Dame. »

E. J.